Prix concours d'écriture

COLLECTION

CLiP

Dirigée par Anne-Marie Aubin

TOUT UN MONDE À RACONTER

TOUT UN MONDE À RACONTER

CONTES 19

COLLECTIF

QUÉBEC/AMÉRIQUE JEUNESSE

1380 A, rue de Coulomb
Boucherville, Québec J4B 7J4
(514) 655-6084

Données de catalogage avant publication (Canada)

Vedette principale au titre:
Tout un monde à raconter

(Collection Clip ; 19)
Contes traditonnels.
Pour les jeunes de 10 ans et plus.
ISBN 2-89037-691-5
1. Contes - Francophonie. I. Aubin, Anne-Marie. II. Collection.

GR76.T68 1995 j388.2'0441 C95-941512-2

Les Éditions Québec/Amérique bénéficient du programme de subvention globale du Conseil des Arts du Canada.

Dépôt légal : 4e trimestre 1995
Bibliothèque nationale du Québec
Bibliothèque nationale du Canada

Diffusion :
Éditions françaises
1411, rue Ampère
Boucherville (Québec)
J4B 5Z5
(514) 641-0514
(514) 871-0111 - région métropolitaine
1-800-361-9635 - région extérieure
(514) 641-4893 - télécopieur

Montage : Andréa Joseph
Révision linguistique : Marcelle Roy

IMPRIMÉ AU CANADA

Table des matières

Songe d'une *Nuit du conte*

C'est lors du premier *Festival interculturel du conte de Montréal*, en 1993, que l'idée de ce recueil m'est venue. Curieuse et impatiente, assise sur une petite chaise de métal dans une salle trop petite pour la masse de spectateurs, j'allais assister à ma première *Nuit du conte*.

Une dizaine de conteurs s'installent sur la scène. À tour de rôle, ils nous offrent un conte de leur répertoire. Pour l'occasion, quelques-uns portent un costume aux couleurs de leur pays, certains s'accompagnent d'accessoires, d'instruments de musique. Même si nous sommes nombreux, j'ai l'impression qu'ils sont là pour moi toute seule, ils racontent, récitent, chantent, dansent, tapent du pied... Avec leurs mots, la chaleur de leur voix, leur imaginaire, ils réussissent à m'émouvoir, à me faire partager leur univers, à me faire voyager en moi-même... à la manière des troubadours et des poètes.

Voyager de la Côte d'Ivoire à la France, du Québec aux Antilles en passant par la Suisse, puis revenir au Québec, à Montréal, quelques contes plus tard, sur ma petite chaise de métal que j'avais complètement oubliée... Échapper au temps, voyager sur des paroles... Voilà le pouvoir des contes!

Le jour se lèvera bientôt, je rentre chez moi la tête pleine de mots, d'images, de rêves! Je n'oublierai jamais cette *Nuit du conte*, ni l'atmosphère unique qui y régnait. Certains contes demeurent gravés dans ma mémoire. Afin de ne pas les oublier, pour les faire connaître, les partager, j'ai eu l'idée de perpétuer la parole sous une autre forme : l'écriture.

Deux ans plus tard, ce recueil voit le jour, il accompagnera les conteurs dans leurs tournées, laissant une trace de leur imaginaire sur papier, un objet concret comme une empreinte de cette magie du conte.

Anne-Marie Aubin
Directrice littéraire

L'écorchée-marraine

MIMI BARTHÉLÉMY

Née en Haïti, Mimi Barthélémy vit maintenant en France où elle exerce les métiers de comédienne et de conteuse. En spectacle, elle utilise essentiellement sa voix, son visage, son corps. Sa formation en théâtre et en cinéma lui donne une exceptionnelle présence sur scène.

Mimi Barthélémy raconte, chante pour faire connaître la tradition orale haïtienne très riche mais mal connue.

Mimi Barthélémy fut lauréate du prix Arletty en 1992, prix de l'universalité de la langue française.

De la même auteure :

Le Mariage d'une puce. Québec/Amérique Jeunesse, 1991, (Clip).
Malice et l'âne qui chie de l'or. Syros, 1994, (Paroles de conteurs).
Contes diaboliques d'Haïti. Karthala, 1995, (Contes et légendes).
Le Géant poilu-velu. Grandir, 1995, (Orange).

L'écorchée-marraine

Conte de la tradition haïtienne
adapté par Mimi Barthélémy

Massi Massa avait une marraine qui, à la mort de ses parents, l'avait adoptée.

Sur son passage, les gens du voisinage chuchotaient – assez fort pour qu'elle entende – que sa marraine était une sorcière, un loup garou. Mais la filleule se bouchait les oreilles ou fuyait à grandes enjambées pour aller pleurer, tant elle trouvait injustes les accusations lancées contre celle qui l'aimait comme une mère. Harcelée de toutes parts, elle en perdit le sommeil.

Une nuit, elle se réveille et surprend sa marraine au beau milieu d'une curieuse cérémonie. Dévêtue, bras en croix, la femme tourne sur elle-même, salue les quatre points cardinaux avant d'ôter sa peau qu'elle cache dans une vieille barrique où vieillit le rhum. Puis, dans une grande lumière comme un soleil, l'écorchée-marraine disparaît dans la nuit. Sans réfléchir, Massi Massa, affolée, prend du gros sel, des piments rouges, du poivre rose, gris, noir, des oranges amères, des citrons verts, des bergamotes, et elle frotte la peau cachée dans la barrique. Puis s'en va se coucher, feignant de dormir. Au matin, dans une grande lumière comme un soleil, l'écorchée-marraine apparaît. Penchée sur la barrique, elle cherche à enfiler sa peau. Mais la peau se rebelle, lui glisse des mains, lui brûle le bout des doigts. La marraine s'étonne :

— Est-ce bien ma peau?

Elle interroge la filleule :

— Massi Massa se po mwen sa? Massi Massa se po mwen sa?

Mais Massi Massa fait mine de dormir.

La marraine la secoue :

— Massi Massa se po mwen sa?
— Wi nennen, se po wou sa!
— Massi Massa se po mwen sa?

L'écorchée-marraine, tout en se débattant avec la peau qui l'éclabousse de sel, de piment rouge, de poivre rose, d'orange amère, de citron vert, de bergamote, chante inlassablement cette petite chanson qui nous est restée depuis :

Massi Massa se po mwen sa?
Wi nennen, se po wou sa!

Plus elle chante, plus l'écorchée-marraine se transforme en une boule de nerfs, un corps sans peau tout parcouru de frissons, un feu qui couve. Massi Massa, pleine de compassion, l'étend sur une natte et la recouvre d'un drap blanc.

Lorsque le jour se lève et qu'elle soulève le drap, la filleule trouve l'écorchée-marraine calcinée.

Massi Massa attend la nuit et, sans alerter le voisinage, elle l'enterre dans le verger, entre l'oranger et le citronnier. Les larmes versées sur cette mère dont elle a eu la peau, dessillent ses yeux : elle voit clair.

Alors elle jette sur son épaule la peau de celle dont elle est héritière et prend son envol comme un papillon sort de sa chrysalide.

Tout le voisinage a vu passer ce papillon du soir. Beaucoup ont murmuré : espoir! Moi aussi, car, tout comme eux, j'ai pensé qu'une femme, pour voler de ses propres ailes, se doit d'être un peu sorcière!

Le chandelier de bois

ALEXIS NOUSS

Né à Paris en 1955, Alexis Nouss est d'origine roumaine. Depuis une dizaine d'années, il s'intéresse au conte et à la tradition orale, conscient de la menace qui pèse sur le trésor légendaire juif en raison de l'histoire tragique des communautés juives européennes au XXe siècle. Il s'attache aujourd'hui à l'écriture de contes insérant les éléments traditionnels de la culture juive (rituels, symboles, calendrier) dans le contexte québécois.

Professeur au Département de linguistique et de traduction de l'Université de Montréal, titulaire d'un doctorat en lettres modernes, Alexis Nouss s'intéresse aux diverses facettes de la modernité. Il est l'auteur de nombreux articles, essais, textes pour le théâtre et la radio.

Du même auteur :

La Princesse perdue. Balade dans le légendaire juif. Bibliophane, 1986.
Sida-fiction. Essai d'anthropologie romanesque (avec J. Levy). Presses universitaires de Lyon, 1994.
La Modernité. Presses universitaires de France, 1995, (Que sais-je?).

Le chandelier de bois

Conte d'hiver et de Hanoukah

Pour Jacob, Malka et
les enfants de Nicolet

De l'autre côté de la rivière, dans la forêt profonde, vivait un bûcheron qui s'appelait Gros-Jean. C'était le plus fort des bûcherons de la région, mais ce qui le rendait surtout très spécial, c'est qu'il aimait les arbres plus que tout.

Il les connaissait, un par un, et il leur parlait. Avant de les abattre, il leur disait :

— Toi, tu seras bateau, et toi, tu seras berceau. Toi, tu seras charpente, et toi, chaise berçante.

Si bien que, quand ils tombaient sous la hache de Gros-Jean, les arbres ne faisaient pas ce bruit déchirant qui ressemble à un cri de douleur.

Gros-Jean ne quittait pas la forêt profonde car, s'il aimait les arbres, il détestait les hommes. Il les trouvait méchants, menteurs, et préférait le silence aux paroles mauvaises. Il ne vivait pas seul. Ti-Jean, son garçon, habitait avec lui sous la voûte feuillue. Gros-Jean avait appris à Ti-Jean à aimer les arbres. Il lui disait :

— Les arbres ont besoin du soleil pour vivre, et nous, on a besoin des arbres.

De plus, Ti-Jean savait comme personne tailler des flûtes dans les branches effilées. Et chacune de ses flûtes jouait le chant d'un oiseau différent.

Gros-Jean et Ti-Jean vivaient dans une cabane de bois au milieu de la forêt profonde. Gros-Jean l'avait bâtie lui-même et il avait aussi taillé les lits, la table et les bancs. La forêt lui donnait ses fruits, et le ruisseau, son eau.

Mais la farine, les chandelles et les habits? Pour ça, Gros-Jean avait un ami qui faisait, exprès pour lui, le détour dans la forêt profonde. C'était

Abraham le colporteur. Abraham achetait à la ville toutes sortes de choses qu'il mettait dans un grand sac, qu'il portait en bandoulière. Puis, à grand pas, du printemps à l'automne, il allait de village en village vendre sa marchandise.

Et la dernière étape, c'était toujours la cabane de Gros-Jean, son ami. Après, la neige devenue trop abondante l'empêchait de marcher, alors il attendait à la ville le retour du printemps.

Gros-Jean et Abraham le colporteur étaient amis parce que tous deux aimaient les histoires et, si Abraham se rendait dans la forêt profonde au début de l'hiver, c'est que les soirées étaient longues et qu'il y avait plein de temps pour les contes. Gros-Jean racontait les histoires de la forêt, et Abraham, les histoires entendues sur les chemins.

Cet hiver-là, Abraham avait emmené avec lui sa fille, Rébecca.

— Gros-Jean a un fils, lui avait-il dit. Du même âge que toi. Je suis sûr que vous deviendrez amis.

Abraham ne s'était pas trompé.

Le soir venu, tandis que Gros-Jean et Abraham s'échangeaient leurs histoires, Rébecca entraîna Ti-Jean dans la remise à outils.

— Viens, je veux te montrer quelque chose.

Et elle retira de son sac de cuir jaune un pot de miel et un chandelier doré.

— Pour quoi faire?

— Ben... le miel pour les beignes et le chandelier pour les chandelles de Hanoukah!

— Hanoukah? Hanouquoi? Hanougat? Qu'est-ce que c'est ça?

— La fête des Lumières. Chaque hiver, quand la nuit est la plus noire, la plus froide, dans le peuple d'Israël on allume des chandelles, huit soirs de suite. C'est pour nous souvenir du temps où le méchant roi Antiochus avait tout saccagé le temple du roi Salomon...

— Où ça?

— Sur la colline de Jérusalem, un grand palais, presque tout en or, rien que pour le bon Dieu qui a créé la terre, les étoiles, les animaux et les arbres.

— Et pas nous?

— Nous aussi, évidemment. Mais Antiochus, il voulait pas croire ça, il voulait pas du Bon Dieu, il a voulu tuer tous ceux qui allaient dans le temple de Jérusalem. Heureusement, il y avait Yéhouda Maccabi, Yéhouda le Marteau.

— Le marteau?

— On l'appelait comme ça parce que, quand il frappait, ça faisait aussi mal qu'un marteau. Yéhouda a pris son peuple avec lui, ils se sont cachés dans des cavernes, ont combattu les soldats d'Antiochus pendant trois ans et ont gagné! Une fois retournés à Jérusalem, ils ont retrouvé le Temple tout sale et abîmé. Yéhouda ordonna de tout nettoyer. Pour allumer le grand chandelier du Temple, ils avaient besoin d'huile d'olive pure. Hélas! il n'y avait plus qu'une petite fiole avec juste assez d'huile pour un seul jour; eh bien! la flamme a brûlé pendant huit jours, et comme ça, ils ont eu le temps de préparer à nouveau de l'huile pour le chandelier du Temple. Depuis, pour se souvenir, chaque hiver, à la fête de Hanoukah, on allume des chandelles huit soirs de suite et on mange des beignes.

— Pourquoi des beignes?

— Ben... parce que ça se fait dans l'huile, les beignes!

— Quelle histoire! J'ai hâte d'être à demain soir pour les chandelles... et les beignes trempés dans le miel.

Pour Rébecca et Ti-Jean, la nuit fut courte, peuplée de bruits de batailles et de lumières d'or.

Le lendemain, à peine éveillée, Rébecca sauta hors du lit et se rendit dans la remise. Elle voulait encore une fois nettoyer son chandelier pour qu'il resplendisse de mille feux au moment de la fête. Mais la porte était entrouverte, et plus trace de son sac! Elle courut chercher Ti-Jean.

— Je n'ai plus mon sac! Le chandelier et le pot de miel ont disparu!

Ils eurent beau fouiller et refouiller, chercher dans tous les coins, il n'y avait plus de sac, ni de miel, ni de chandelier.

— Papa va être très fâché, il va croire que j'ai perdu mon sac et va dire qu'à cause de moi on pourra pas fêter Hanoukah, dit Rébecca au bord des larmes.

— Attends. J'ai une idée. Pour l'instant, allons déjeuner et ne dis rien.

Après avoir mangé leurs tartines, Ti-Jean et Rébecca sortirent comme pour aller se promener dans la forêt. Ti-Jean amena son amie dans une clairière à un quart d'heure de marche. Là, du sac qu'il portait en bandoulière, il sortit une flûte dont il se mit à jouer. Aussitôt, un oiseau sortit des branchages et vint se poser sur son épaule.

— Dis, l'ami! as-tu vu quelque part dans la forêt un chandelier doré ou un pot de miel, ou bien un sac de cuir jaune?

L'oiseau fit non de son bec, lança trois notes et s'envola.

Ti-Jean prit une autre flûte, en joua, et un deuxième oiseau vint se poser sur son épaule.

— As-tu vu un chandelier doré, un pot de miel ou un sac de cuir jaune?

L'oiseau fit non de son bec, lança trois notes et s'envola.

Sept oiseaux répondirent ainsi à l'appel de Ti-Jean mais la réponse était toujours la même.

— Ne perds pas espoir. J'ai aussi mes amis écureuils.

Ti-Jean sortit de son sac un grand mouchoir à carreaux rouges, qui contenait des noisettes. Il l'agita très fort, et de tous les arbres aux alentours descendirent des écureuils au poil roux, brun, noir, la queue frémissante, qui formèrent un grand cercle autour des deux amis.

— Les amis, avez-vous vu dans la forêt un chandelier doré, un pot de miel ou un sac de cuir jaune?

Non, non, non, firent de la tête les écureuils, la queue basse comme s'ils étaient tristes de ne pouvoir satisfaire le garçon. Ti-Jean ouvrit le grand mouchoir et leur distribua les noisettes.

— Allez, régalez-vous.

Rébecca s'était assise au milieu des fougères et de grosses larmes mouillaient son visage.

— Je ne vois plus qu'une explication, vint lui dire Ti-Jean. Suis-moi.

Les deux amis marchèrent quelque temps avant de parvenir au pied d'un très grand arbre.

— On va monter, annonça Ti-Jean, et surtout ne fais pas de bruit!

Sur le tronc de l'arbre, des nœuds formaient comme une échelle, et ils n'eurent aucune peine à se retrouver sur une petite plate-forme entre les grosses branches.

— Et maintenant, penche-toi. Fais attention de ne pas tomber. Vois-tu quelque chose? demanda Ti-Jean à son amie.

De leur point d'observation privilégié, ils surplombaient l'entrée d'une grande grotte que le soleil du matin éclairait généreusement.

Et Rébecca les vit : allongés, endormis, ronflants, les ours, les deux gros ours de la forêt profonde, aussi gros que leur fourrure semblait douce, la dame ourse un peu moins grosse que son compagnon, cependant, et le poil plus clair. Et Rébecca vit aussi le pot de miel, le sac de cuir jaune et le chandelier doré. Mais le sac était déchiré, le pot de miel vide. Quant au chandelier, il ne ressemblait plus vraiment à un chandelier, tout aplati, comme un beigne de Hanoukah.

Oh! les deux ours avaient dû se faire une bien belle fête à jouer avec le chandelier et à déguster le miel! Mais ça ne faisait pas l'affaire de Rébecca. Les deux amis redescendirent de l'arbre. Rébecca avait le cœur tout serré de tristesse mais Ti-Jean, lui, avait un sourire mystérieux au coin des lèvres.

— Oublie ça. Ces ours sont bien trop gros pour nous. J'ai une idée. Rentrons.

Quand ils furent rendus à la cabane de Gros-Jean, Ti-Jean dit à son amie de l'attendre là sans plus s'inquiéter et ressortit en entraînant son père. Ti-Jean expliqua toute l'affaire à Gros-Jean, puis lui dit :

— Pa, si tu me coupais une branche, une bien belle branche,

bien épaisse, moi, je pourrais de mon couteau en faire un chandelier comme quand je fabrique mes flûtes avec le bois de la forêt.

Gros-Jean sourit, pris sa scie, mit la main sur l'épaule de son fils et l'amena devant un arbre, un peu plus loin, un arbre dont l'écorce brillait comme de l'or au soleil. Il y monta et, quelques minutes plus tard, Ti-Jean avait sa branche, une belle branche, bien ronde et bien épaisse. Il se mit au travail aussitôt.

Le soleil commençait son coucher quand Ti-Jean revint auprès de son amie. Il tenait à bout de bras, de ses deux mains, un chandelier de bois plus beau et plus doré que tous les chandeliers d'or dont Rébecca aurait pu rêver. Ti-Jean avait l'œil : le chandelier avait ses neuf branches, comme il fallait, chacune couronnée d'une petite coupelle en papier d'argent. Il n'y avait plus qu'à mettre les chandelles.

Ce soir-là, quand Abraham alluma la première chandelle de Hanoukah dans la cabane de son ami Gros-Jean, Rébecca et Ti-Jean se dirent que même le temple du roi Salomon n'avait connu d'aussi belle flamme. Autour de la table, il y eut beaucoup de chansons et d'histoires. Et bien sûr, des beignes aussi.

Il n'y avait pas de miel pour les tremper dedans, mais qu'importe, ils étaient d'une douceur toute spéciale et les quatre amis le savaient bien.

Et Lune dansera pour Soleil...

JOUJOU TURENNE

Joujou Turenne est née en Haïti et vit au Québec. Bien connue des enfants comme comédienne pour son interprétation du personnage Passe-Tourelle à l'émission «Passe-Partout», elle prend plaisir à conter pour tous les publics. Elle intègre la danse et le chant à son art de conter.

Joujou Turenne travaille à la création de ses contes en s'inspirant des traditions antillaises et africaines. Dans une volonté de rapprochement culturel, elle anime aussi des ateliers pour faire connaître son héritage culturel souvent oublié et méconnu.

«Grande amoureuse de la vie, j'ai voulu que ma première publication en soit une de douceur et de tendresse. J'ai développé un conte antillais, «Poisson-la-Lune», pour en faire une histoire d'amour».

Et Lune dansera pour Soleil

À Loulou qui s'est transformé en étoile pour m'éclairer dans la nuit et m'a permis de rencontrer le soleil en m'indiquant l'endroit où il se levait tous les jours.
À Felix qui a voulu attendre avec moi le lever du soleil.

À Charlton pour avoir écouté tant de fois la même histoire.

Sincères remerciements à Cécile Gagnon pour sa grande générosité.

Je m'appelle Aminata

Chant :

J'ai marché le long d'une rive
Puis j'ai plongé au fond de la mer
Au bout de dix jours
J'ai été propulsée hors de l'eau
En arrivant à l'autre rive
J'ai voulu chanter
J'ai voulu conter

Toute mon aventure
Une histoire d'amour
Un mythe parlant de la mer
Une légende du soleil
... du soleil et de la lune

Je viens du pays de Mamiwata, du pays de Yemanja, Dambalah Wèdo, Aïda Wèdo, Erzulie Freda, Simbi Endezo* du pays de Poséidon. Je viens des profondeurs de la mer. Là-bas j'ai vu dieux et déesses à table en train de festoyer. Certains chantaient, d'autres riaient. J'étais ébahie devant tant de merveilles. Tous tenaient des propos inédits.

En effet, ils prenaient un vif plaisir à raconter des mythes et des légendes qu'ignorent ceux qui vivent au-dessus de l'eau. J'ai vécu toute une gamme d'émotions. Parfois la peur me transperçait les os; puis c'était le rire qui s'emparait de mes cordes vocales. Alors, devant un tel spectacle, j'ai fait provision d'histoires à m'en remplir les poches et d'images à me faire tourner la tête. De toutes

---

* Dieux et déesses de l'Afrique et de la Caraïbe.

ces images, il en est une qui parle d'amour; j'ai envie de vous l'offrir.

Tout le monde sait que la terre et l'océan sont amoureux depuis belle lurette. L'océan caresse la terre, la chérit, la cajole, l'embrasse, la dorlote. Ses vagues n'en finissent plus de danser pour la terre; et cela, depuis des années, des années... Mais ce que plusieurs ignorent, c'est que le soleil et la lune étaient fervents amoureux. Oui! Oui! Vous verrez ce qui suit.

KRIK! KRAK!
MISTIKRIK! MISTIKRAK!

En effet, messieurs, dames, société, il y a très très longtemps, du temps où il n'y avait ni soir ni nuit, du temps où les humains comprenaient le langage des animaux et du temps où le vent régnait, le soleil et la lune étaient amoureux. Inséparables, ils se faisaient des choudoudoux, des guili-guilis, se blottissaient l'un contre l'autre. De temps en temps on pouvait entendre de bruyants baisers dans le ciel : Choup! Choup!

Heureux de cet amour qui les nourrissait, ils eurent plusieurs enfants. Ainsi naquirent Pluie, Nuage, Étoile, Neige, Grêle, Brouillard, Arc-en-ciel et Coq. C'est d'ailleurs Coq qui apprit aux humains à se battre, mais ça c'est une autre histoire!

Soleil et Lune ainsi que leurs enfants vécurent heureux dans le royaume du Vent qui se promenait sous forme de brise et chantait :

sh-sh Bon tan se mwen!
Bon tan se mwen!
(Bon temps c'est moi!)

Puis il se transformait en tourbillon d'air et chantait :

Br-Br Move tan se mwen!
Move tan se mwen tou!
(Mauvais temps c'est
également moi!)

Soleil et Lune s'aimaient, brillant inlassablement dans le ciel. Un jour, voulant donner du piquant à leur existence, Lune dit :

— Pourquoi pas une seconde lune de miel?

— Oh! c'est une bonne idée! acquiesça Soleil.

Lune hésita :

— Mais on ne peut pas aller sur la lune puisque je suis déjà Lune.

Et Soleil répliqua :

— Et on ne peut aller au soleil puisque je suis Soleil!

Et voilà! Nos camarades se dégonflèrent de découragement. Et pendant qu'ils se dégonflaient, ils virent que la terre s'assombrissait.

Soleil dit à Lune :

— Reprends-toi, ma chérie. La terre a besoin de notre lumière.

Ils ont réfléchi et réfléchi...

Puis Lune rétorqua :

— La terre! La terre!

Ne comprenant pas, Soleil dit :

— Quoi la terre?

— Oui, la terre! Depuis le temps qu'on l'éclaire, elle peut bien nous rendre ce petit service, poursuivit Lune.

Soleil conclut :

— Oui, nous irons passer notre lune de miel sur la terre... mais où sur la terre? Dans la forêt... À la montagne...

Lune s'exclama :

— Mais on a déjà vu tout ça, doudou!

Puis, elle enchaîna :

— Oh! nous irons à la mer; nous n'y sommes jamais allés, ainsi ce sera une lune de miel vraiment spéciale!

Et Soleil acheva :

— Ce sera notre lune de mer!

Mezanmi!* nul besoin de vous dire que c'était la fête dans le ciel. Le vent lui-même se demandait ce qui se passait dans son royaume. Il eut vite sa réponse.

Nos amoureux se parèrent pour descendre à la mer afin d'y passer leur seconde lune de miel. Enduits d'un produit à l'épreuve de l'eau pour ne pas fondre, ils étaient prêts à partir. Le vent voulut bien les accompagner et chantait :

Bon tan se mwen! Bon tan se mwen!

Lune et Soleil firent une descente des plus majestueuses. Les nuages

---

* Mezanmi : exclamation créole dont la traduction littérale est «mes amis».

tirèrent des révérences pour que nos amoureux passent avec grande classe ; les oiseaux firent de même.

Se regardant dans la mer, Lune scintillait tel un immense tapis bleu clairsemé d'étoiles. Le souffle coupé devant un tel spectacle, il eut suffi de peu pour que Soleil et Lune soient paralysés. Mais l'excitation dépassait de loin toute autre forme d'émotion. Prenant leur courage à deux mains, ils se laissèrent glisser sur les flots marins.

De toute leur existence, nos amoureux n'avaient jamais connu une telle sensation. Ils restèrent un moment immobiles, mais une grande vague se chargea de les ranimer. Ils s'abandonnèrent et purent goûter au plaisir de l'océan.

On eut dit des bébés dans une barboteuse : ils riaient, piaffaient et tourbillonnaient dans l'eau. Un vrai délire. C'est alors qu'eut lieu une étreinte des plus passionnées.

S'embrassant tendrement, ils se permirent de danser une valse. Ils chantaient, riaient et valsaient :

Ti di dam Ta da dam.

Lune, remplie de bonheur, dit :

— Comme c'est romantique!

Et Soleil la fit virevolter pour l'attraper en toute élégance.

Messieurs, dames, société, je vous assure que, dans une compétition de danse sociale, nos amoureux auraient dépassé de loin tous les autres candidats.

Ils s'arrêtèrent un peu, le temps d'admirer l'horizon, puis se retournèrent et virent une plage au sable fin avec par ici des cocotiers, par là des palmiers et enfin des amandiers à perte de vue. Après avoir contemplé tant de beauté, Soleil proposa :

— Et si on explorait les profondeurs de la mer!

Nul besoin de vous dire qu'aussitôt dit! aussitôt fait! Et choup! Les voilà arrivés. Woy! Wololoy!* Ils virent Baleine, Requin, Serpent de mer, des algues, des coquillages et d'innombrables poissons. C'était magnifique!

En voyant une étoile de mer, ils

---

* Woy Wololoy : exclamation de joie et de surprise.

furent étonnés, car ils avaient toujours pensé que les étoiles vivaient uniquement dans le ciel.

Puis, en continuant leur balade, ils aperçurent un lieu un peu obscur. Envahis soudain par la peur, l'angoisse et la curiosité, ils s'approchèrent, et là – parole d'Aminata, fille des eaux – ils virent, de leurs yeux vu, les dieux et déesses de toutes les mythologies en train de festoyer. Ils reconnurent Manman dlo, Poséidon, Susanoo, Yemanja, Dambalah Wèdo, Mamiwata...

Les dieux et les déesses remarquèrent nos camarades et les invitèrent à les rejoindre. Vous vous imaginez! Partir en lune de miel et avoir droit à un repas divin! Eux-mêmes avaient d'ailleurs peine à y croire.

Tandis que les éternels amoureux gambadaient dans les entrailles de l'océan, sur terre personne ne festoyait. En vérité, les habitants de la terre étaient plus qu'inquiets. Ils se demandaient où étaient passés le soleil et la lune. Plongés dans une longue et triste pénombre, ils attendirent un peu, puis tous les habitants de la terre se réunirent pour trouver une solution au problème de l'obscurité. Le caucus dura très longtemps, et la solution tarda à venir. Alors sur les recommandations du Grand Druide, on conclut que quelqu'un devait aller voir Mère Nature afin de lui faire part du malheur dans lequel se trouvait la terre.

Madame Hilarion eut l'honneur d'accomplir cette tâche. Elle monta vers le ciel, aidée par le vent qui soufflait et fredonnait :

Bon tan se mwen! Bon tan se mwen!

Arrivée chez Mère Nature, Madame Hilarion dit :

— Je viens à vous, Grande Dame, car sur terre nul ne sait comment chasser notre malheur. Vous comprenez, Mère, c'est odieux! Soleil et Lune ont disparu. Depuis un long moment, nous sommes privés de lumière, et tout le monde est triste; les enfants ne jouent plus, les coqs ne chantent plus et même les chats ne miaulent plus. De grâce, sortez-nous de cette misère.

Mère Nature répondit :

— Je vois que votre âme est pure. N'ayez crainte, je m'occupe personnellement du dossier.

Et Madame Hilarion repartit. Mère Nature n'eut qu'à baisser les yeux pour dénicher nos amoureux. Elle ordonna :

— Soleil ! Lune ! Remontez immédiatement dans le ciel. Ne voyez-vous pas que vous privez la terre de votre lumière !

Mais à ce moment-là, Lune était dans la lune et seul Soleil entendit. Il fit un grand bond et sortit aussitôt de l'eau. Il se mit à monter et à monter vers le ciel. Au fur et à mesure qu'il montait, toute la lumière du jour se trouvait dans ses yeux. Et comme pour le rendre encore plus majestueux, le vent qui passait par là chantait :

Bon tan se mwen ! Move tan se mwen ! Na wè sa-e !

Et le vent soufflait, soufflait, aidant ainsi le soleil à se rapprocher de plus en plus du ciel. Et sur terre, on profitait de ses merveilleux rayons.

Au bout d'un moment, la situation fut renversée lorsque Soleil regarda à gauche, puis à droite, pour embrasser sa lune, et ne la vit pas.

Il regarda en haut, toujours rien, puis en bas, mais il était déjà très très haut. Ne voyant plus sa lune, le soleil devint triste... si triste que ses yeux devinrent tout petits ; et plus il était triste, plus ses yeux rapetissaient ; et plus ses yeux rapetissaient, moins il faisait clair sur la terre.

Le vent voulant aider, soufflait et soufflait ; et le soleil, lui, montait, montait. Et comme la tristesse remplissait tout son cœur, toute son âme, ses yeux se mirent à verser de chaudes larmes. Et sur terre, on recevait ses pleurs sous forme de pluie. Lorsque le soleil n'eut plus de force pour pleurer, plus de voix pour crier, ses yeux se fermèrent, privant ainsi la terre de la lumière du jour.

Les habitants de la terre attendirent un peu, encore un peu ; puis devant le sérieux de la situation, on organisa un autre caucus. D'un commun accord, on décida d'envoyer à nouveau Madame Hilarion régler le sort de la terre.

Madame Hilarion se faufila entre les arbres, tourbillonna dans les airs, à l'aide du vent bien sûr, arrivant ainsi jusqu'à Mère Nature :

— Mère, je viens encore vous implorer au nom de tous les habitants de la terre. Mezanmi ! Faites quelque chose ! Vous comprenez, c'est odieux ! Nous sommes privés de la lumière du jour à cause de Soleil qui l'a confisquée dans ses yeux ; quant à Lune, aucune trace de ses rayons. Nous voici plongés dans une pénombre qui nous semble interminable. Tan pri souple Létènèl*, venez-nous en aide.

Après ce témoignage, Mère Nature se fâcha :

— Ah non ! c'en est trop ! Vous pouvez retourner en paix là d'où

* Tan pri souple Létènel : Je vous en supplie, l'Éternelle.

vous venez, je ferai le nécessaire.

Sur des coussins de nuages, Madame Hilarion redescendit sans crainte car elle savait bien que la Grande Dame exauce toujours ses prières.

Ainsi, Mère Nature fit appel à tous les pêcheurs de la terre, à leurs familles et à leurs amis et leur confia la tâche d'aller pêcher la lune dans la mer. En un instant, tout le monde fut rassemblé. Sur des pirogues, des canots, des radeaux... Certains à la nage et d'autres sur le rivage, tous étaient décidés à pêcher la lune équipés de pioches, filets, cannes à pêche, hameçons...

Et n'allez surtout pas croire que c'était triste. Au contraire, depuis cette longue pénombre, il ne se passait rien du tout sur terre ; alors cette partie de pêche devint un véritable carnaval ! Il y avait tambours, flûtes, et les gens chantaient :

Barrez barrez la lune-O !
On va barrer la lune-O !
On va pêcher la lune-O !

Et attraper la lune-O!
Barrez barrez la lune-O!

Aoua pip! pip! Aoua pip! pip! Et tambours et flûtes!

Les gens dansaient la biguine, le calypso, et chantaient de plus belle.

Enivrés de chants et de danses, ils étaient sur-énergisés. C'était la partie de pêche la plus extraordinaire et la plus mémorable de toute l'histoire de l'humanité!

Avec leurs filets de poissons, de crabes, de homards et de mollusques de toute sorte, ils avaient improvisé un filet de lune tout à fait unique. Ils criaient :

— Oh! Hisse! Oh! Hisse!

Quelqu'un s'exclama :

— Menni oui! je sens quelque chose de lourd!

— Alors tirez! rétorqua l'autre.

Ils avaient réussi à coincer une partie de la lune. Se sentant en danger, la lune alla de droite à gauche et de haut en bas. Rien à faire, elle était piégée. Devant la

---

* Menni oui! : Voilà!

résistance de la lune, les poissons-anguilles s'entortillèrent les uns aux autres pour lui bloquer le passage. Puis tic! tac! Le poisson en dents de scie la blessa en tentant de l'épuiser. Les crabes et homards se placèrent en-dessous d'elle et sortirent leurs pinces pour l'empêcher de descendre. Elle essaya quand même, et alors s'écorcha. Les oursins se mirent également de la partie avec leurs piquants. Woy! Quelle misère pour notre lune! Je vous assure qu'elle ne valsait plus!

Et on entendait toujours :

— Oh! Hisse! Oh! Hisse!

En tirant et en tirant, on finit par voir la tête de la lune. Les gens se remirent à chanter.

Et en tirant avec ardeur, les pêcheurs de lune se virent ravis d'avoir accompli leur mission. La lune se trouvait hors de l'eau, mais dans un tel état que même le plus insensible des êtres eut pitié d'elle. Triste, écorchée, abîmée, blessée, défigurée, déchirée, trouée et surtout épuisée, la lune titubait. Les pêcheurs l'envoyèrent de toutes leurs forces vers le haut, et le vent, tout en fredonnant, lui fit faire quelques pirouettes pour l'amener jusqu'au ciel. Elle se retrouva face à face avec Mère Nature qui lui dit :

— Regarde-toi, tu as l'air misérable, tu n'es même plus ronde! Et puis tu m'as désobéi, je dois te punir. Mais viens d'abord, que je te façonne.

Lune s'approcha de la Grande Dame qui, doucement, enleva les excédents de particules tout autour d'elle. Elle voulut en faire des étoiles, mais il y en avait déjà plein dans le ciel; alors elle les souffla sur la mer. Puis, elle prit bien soin de refaire tout le contour de Lune et elle lui redonna sa forme impeccablement ronde comme seule Mère Nature peut le faire. Depuis ce temps, la lune est plus petite que le soleil, car jadis, Soleil et Lune étaient de la même taille.

Mère Nature ajouta :

— Et en guise de punition, tu seras séparée de ton amoureux le soleil. Je divise donc le temps en jour et en nuit. Soleil, tu brilleras le jour; Lune, tu brilleras la nuit. Et vous n'aurez plus jamais d'enfants!

— Oh! supplia Lune, Mezanmi Létènèl, j'ai désobéi, certes, mais croyez-vous que je mérite un tel châtiment?

Mère Nature rétorqua :

— Estime-toi heureuse que je te garde encore au ciel.

La lune devint blême! Ses sentiments de peine, de remords se mêlaient au grand bonheur qu'elle venait de connaître dans la mer, il n'y a pas si longtemps. La nostalgie s'emparant d'elle, on pouvait l'entendre fredonner :

Woy Mezanmi!

je n'ai pas de chance
Oh! quel malheur m'arrive
malheur m'accable
Un seul amoureux j'avais
Globe resplendissant
Je pense à toi, mon beau soleil
Je pense à toi, flambeau
de mon cœur
Je pense à toi, je reviendrai
Je pense à toi, je te reviendrai
O-Agoyé! O-Agoyé!

Mon éternelle flamme

Si ton bonheur se trouve
hors de mes bras
ta paix hors de ma vie
Si ta joie se trouve
hors de mon cœur
Si le destin a voulu
qu'il en soit ainsi,
Alors va... Mais ne m'oublie pas.

Soleil répondit :
Ma douce Lune, comment t'oublier
Pour moi, tu as été printemps
tu as été rire
tu as été si bonne
si belle...
Je sais qu'on se reverra...
Je t'attendrai, je t'attendrai.

Lune soupirait :
Je reviendrai... Doudou,
je reviendrai.
Je suis triste mais je ne pleure pas
En attendant que l'on chante
et danse
à nouveau ensemble,
Je danserai pour toi dans le ciel,
mon amour
C'est un cadeau... un cadeau
que je te fais.

Soleil reprit :

Et moi, chaque jour, en me levant,
Je réveillerai le coq pour qu'il te
lance un cri d'amour
Et, en l'entendant, sache que
ce chant s'adresse à toi.
Ne t'en fais pas, ma belle lune.
Ne sois pas triste,
ma belle princesse.
Console-toi, ma plus que Reine.
Et pour te réchauffer,
Je t'enverrai de mes rayons
par-delà les montagnes,
Au-dessus des nuages.

Malgré la division du temps en jours et en nuits, Soleil et Lune ne cessèrent nullement de s'aimer. Au contraire, ils se mirent à penser à la belle lune de miel passée ensemble ; à rêver du temps où ils dansaient une valse sur la mer, murmurant :

— Oh! que c'est romantique! Un vrai conte de fée!

Ils se permettaient même quelques ébats amoureux. Ainsi, à chaque crépuscule, Soleil attendait que se pointe la lune avant d'aller dormir,et à l'aube, Lune attendait Soleil avant de partir, juste le temps que se croisent leurs rayons lumineux. Mais ces moments d'affection, bien que quotidiens, ne suffisaient pas pour les remplir de bonheur, ne suffisaient pas pour raviver la flamme de leur amour. Alors il leur vint une idée : se donner rendez-vous à l'affût de Mère Nature, se permettant ainsi une vraie rencontre.

Guettant le firmament, ils se faufilèrent tout doucement entre les nuages pour se blottir l'un contre l'autre. Une fois de plus, Soleil et Lune ne faisaient qu'un : ils se faisaient des choudoudoux, des guili-guilis, s'étreignaient tendrement, se berçaient, s'échangeaient des tibos*, s'embrassaient follement, et sur terre on entendit un son venu du ciel. Comme dans le bon vieux temps, on pouvait entendre : Choup! Choup!

Nul besoin de vous dire que les gens de la terre, les astronomes, les

* Tibos : petits baisers ou bisous.

scientifiques, les artistes en quête d'inspiration ont tout fait pour assister à cette merveilleuse cérémonie nuptiale : la première éclipse.

De nos jours, en plus des ovations à l'aube et des salutations au crépuscule, la lune revit son amour pour le soleil lorsqu'elle entend chaque matin le chant du coq comme le lui avait promis son amoureux; et en retour, elle comble Soleil de bonheur en dansant pour lui toutes les nuits, elle virevolte et tourbillonne dans le ciel. C'est ce que nous appelons les quartiers de lune.

Lorsque périodiquement, Soleil et Lune se rencontrent le temps d'une éclipse, bien que cela crée une pénombre, nul sur terre ne se plaint, sachant qu'il s'agit là d'un rituel amoureux des plus sérieux.

Et chaque fois, le Vent, si content d'assister à tant d'amour, chante :

Bon tan se mwen! Bon tan se mwen!
Move tan se mwen! Move tan se mwen!
Na wè sa-e! Na wè sa-e!

Wa va tande paròl yo te pale an
Wa va tande Koze yo te koze an
Mwen genyen-on pitit mwen
Yo rele li solèy
Mwen genyen lòt la
Yo rele li lalin
Woy! Bon tan se mwen! Bon tan se mwen!
Move tan se mwen! Move tan se mwen tou!
Depi mape mache mwen pat janmen wè sa
Solèy ak lalin kap benyen nan lanmè
Bon tan se mwen! Bon tan se mwen!

Traduction :
Je suis le bon temps, je suis le mauvais temps!
Tu entendras la parole tant parlée
J'ai un enfant nommé Soleil, un autre nommé Lune
Mais en vérité, depuis que j'existe, je ne les avais jamais surpris se baignant dans la mer.
Je suis le bon temps, je suis également le mauvais temps!

KRIK! KRAK!
MISTIKRIK! MISTIKRAK!

Vous ne vous demandez pas ce qui est arrivé aux particules de lune que Mère Nature souffla sur la mer?

Eh bien! elle y ajouta des yeux, une bouche et des nageoires créant ainsi des poissons lumineux.

Alors, si un jour, dans la mer vous croisez quelque chose qui brille et qui a l'air d'un poisson, sachez qu'il s'agit d'un poisson-lune, l'un des derniers enfants du soleil et de la lune.

Quant à moi Aminata venant du pays de Mamiwata, de Yemanja, de Dambalah Wèdo, d'Erzulie Freda, je vous ai livré l'histoire telle que je l'ai entendue de la bouche même des dieux et des déesses.

Je repars telle que je suis venue.

Voici! Voilà!

Au cœur de l'oreille

MARC LABERGE

C'est en 1991, au *Festival des arts du récit en Isère*, que le métier de conteur s'est révélé à Marc Laberge; il recevait alors le Grand Prix du public. Depuis, il a participé à de nombreux festivals en Europe, en Amérique du Nord et en Afrique. En 1993, il créa le Festival interculturel du conte de Montréal.

Photographe, aventurier, conteur, Marc Laberge se nourrit d'images, de mots de bêtes, d'hommes et d'aventures. Il conte pour tous les publics pour éveiller l'imaginaire que nous portons chacun au fond de nous-mêmes.

En 1994, il publiait un premier recueil de contes, *Destins*, pour lequel il fut finaliste au prix Desjardins ainsi qu'au prix Christie de l'année suivante.

Du même auteur :

Destins. Québec /Amérique Jeunesse, 1994, (Clip).
Le Glacier. Québec /Amérique Jeunesse, 1995, (Clip).

Au cœur de l'oreille

Montréal en juillet, c'est chaud et humide. Suffocant! Lorsque la canicule frappe, une sorte de torpeur s'empare de la ville. Les gens ne cherchent qu'à s'affaisser sur leur balcon ou sur un banc de parc à la recherche d'un courant d'air, ils rêvent à la campagne où ils pourraient observer les étoiles ou écouter un concert d'animaux nocturnes!

Par une de ces soirées collantes, je rentrais en ville pour installer un climatiseur dans mon bureau, au cinquième étage d'un immeuble du centre de Montréal, où une amie travaillait, depuis plusieurs jours, dans des conditions pénibles. Je n'avais vraiment aucune envie de m'activer dans ce four d'autant plus que, sans trop savoir pourquoi, j'éprouvais une sensation d'insécurité. Quelque chose d'étrange rôdait autour de moi, m'envahissait sournoisement sans que je puisse l'identifier. Je percevais pourtant, presque malgré moi, une menace persistante dans cette lourdeur, cette humidité accablante... Une sorte de prémonition me troublait... une impression indéfinissable! Mais enfin, souvent ces impressions sans fondement disparaissent de la même manière qu'elles sont apparues, aussi j'avais décidé de ne pas trop m'en faire. C'était le seul moment que j'avais pu trouver pour accomplir cette tâche, trop souvent remise à plus tard.

Équipé d'outils, de vis, de morceaux de bois pour coincer la fenêtre... je commence donc ma corvée. Compulsif par nature, je m'applique à travailler vite afin d'expédier cette tâche fastidieuse. Plus j'accélère, plus je transpire, la sueur me coule de partout. Je dois arrêter régulièrement pour m'éponger le front, le cou et même les cheveux... Au moindre mouvement, mes lunettes glissent. Les mains moites, j'échappe mes outils, je suis trempé... un véritable sauna! Puis, à un certain moment, je sens un corps étranger bouger dans mes cheveux. Une sensation à peine perceptible, comme un chatouillement, puis quelque chose dévale en trombe en direction de mon oreille gauche, un peu comme une goutte de pluie. D'un geste machinal de la main je m'en débarrasse et je continue à travailler.

Peu de temps après, le même chatouillement se reproduit, sur le pavillon de l'oreille cette fois. De nouveau, même réflexe de la main. Mais cette fois-ci, je sens une bestiole se déplacer à toute vitesse dans la fossette de mon oreille. Avant même que j'aie le temps de réagir, l'énigmatique importun s'engouffre avec ardeur et détermination dans l'orifice de mon conduit auditif.

À cet instant, je comprends qu'il

doit s'agir d'un insecte dérangé ou chassé de sa cachette et qui a décidé de trouver refuge dans le premier interstice venu. «Malheur! Il fallait qu'il choisisse mon oreille comme gîte! Que faire? Avec quoi l'empêcher d'aller plus loin? Faut faire vite! Ça prendrait des pinces! Mais où les trouver?»

Trop tard! Je sens déjà l'intrus pénétrer dans mon crâne! Aussitôt, les douleurs deviennent fulgurantes.

Vite, l'hôpital! Et pas question d'attendre l'ascenseur lambin de notre vieil immeuble! Je dévale les escaliers par bonds.

À chaque mouvement de l'insecte, une vive douleur déclenche des éclairs dans ma tête. Conduire dans cet état relève de l'inconscience, de la pure folie, mais ça presse! Je prends donc le volant…

La panique, ce trouble violent et subit de l'esprit, cette terreur irraisonnée qui parfois désarçonne même les plus coriaces, s'empare de moi. J'entrevois les pires éventualités… «Vite à l'urgence, sinon l'insecte aura pénétré si profondément qu'on ne pourra plus jamais le retirer! Et alors il se nourrira de mes neurones? Je devrai peut-être finir mes jours avec une bibitte dans la cervelle? Jour et nuit, elle se promènera dans les galeries et les couloirs intérieurs de mon cerveau sans que j'aie aucun contrôle sur ses allées et venues. À moins qu'un chirurgien décide de m'ouvrir la cervelle! Horreur!»

Voilà les premiers symptômes de la perte de contrôle de soi... Je me demandais comment j'avais fait pour me retrouver dans cette histoire invraisemblable. Tout défilait dans ma tête au pas de course. J'entrevoyais les pires horreurs. Edgar Allen Poe, Alfred Hitchcock n'avaient rien inventé, j'en étais maintenant certain! Et surtout, je comprenais enfin comment le héros de Kafka, dans la *Métamorphose,* avait pu se dénaturer en insecte! Mais pour lui, au moins, l'effroyable mutation s'était déroulée pendant le sommeil. Alors que moi, bien éveillé, je sentais l'animal embouqué s'insinuer dans les moindres interstices, s'engouffrer, m'envahir, S'EMPARER DE MOI!

Le sort m'avait désigné! Je regrettais d'être allé travailler par une chaleur pareille. J'aurais dû accorder plus d'importance à mes intuitions. Fatigué, trempé, je devenais une proie commode pour l'insecte qui attendait cet instant fatidique... Téléguidé ou dressé pour une intervention-commando où l'individu attaqué n'a pas le temps de réagir, l'insecte avait la mission de se diriger vers cette zone du cerveau responsable de la maîtrise des actions humaines. Dans ce plan machiavélique, tout semblait programmé et synchronisé... le fruit d'une machine à dominer les humains. Déjà je sentais des parties de moi-même m'échapper.

Je me rappelais un reportage étonnant dans lequel on prédisait que les insectes s'empareraient de l'univers et que leur règne imposerait la mise en servitude des humains... Comme jamais auparavant, j'ai vu clair et j'ai saisi à quel point il leur serait facile d'y arriver : J'ÉTAIS LEUR VICTIME! Je ne me sentais plus qu'une fraction de l'hominidé que je fus un jour! Pour alléger mon douloureux asservissement, je me préparais à négocier avec n'importe qui, la moindre diminution de douleur contre une partie de mon âme!

Un autre feu rouge interminable! Feu vert, je roule, mais soudain les douleurs deviennent dévastatrices. J'ai l'impression de me faire vriller le crâne. Des substances chimiques sont déversées, sans doute pour accélérer l'attaque! Par réflexe de défense, je donne un coup de volant malgré le danger, comme si cela pouvait empêcher la douleur de se propager en droite ligne vers le centre de mon cerveau. Les pattes motrices de l'insecte, tel un véritable blindé en action sur un champ de bataille, rampent en produisant un vacarme de chantier semblable à celui d'un marteau piqueur.

« Ça y est, elle vient de me

défoncer le tympan! Il n'y a plus rien pour l'arrêter maintenant, elle va continuer sa progression par... Comment déjà? Ah oui! Par la trompe d'Eustache, qui la mènera directement au cerveau. Faut faire quelque chose!»

Aucune voiture de police ni taxi à l'horizon! Pas de chance... Au moins j'aurais pu laisser mon véhicule et me faire conduire à l'hôpital. Espoir vain! Je dois continuer, tandis que l'implacable envahisseur continue sa lente mais inexorable progression vers le siège de ma pensée. S'il se rend là, la bataille est perdue...

Au coin de Saint-Laurent et des Pins, il s'attaque au bulbe rachidien... à moins que ce ne soit l'hypophyse? «Oh! que mes cours de biologie sont loins! Je ne me souviens plus de ce qu'il y a dans ce coin-là!» Tout semble confus, à part l'effet de vrille et du marteau piqueur... Mais que dis-je? Maintenant, l'insecte défonce à coups de canon!

Quel supplice indescriptible que

de se sentir mangé de l'intérieur. Pourtant j'avais déjà risqué ma vie, perdu dans la toundra de l'Ungava ou du Labrador durant un blizzard arctique, et j'avais déjà envisagé de mourir, quelque part dans la vallée des Dix-Mille-Fumées en Alaska, dévoré par un grizzly affamé, après lui avoir résisté farouchement... Une fin noble, digne de légende, quoi! Mais mourir à Montréal, détruit par une misérable vermine lâchement introduite par un passage sans surveillance... Non! Pas cela!

Enfin, l'urgence! À la porte, un gardien enregistre les entrées, mais le passage dans un autre monde s'accélère. Je m'étonne maintenant de la présence de cet être étrange, vêtu d'un habit vert. «Ma signature? Tu parles d'un moment pour demander ça!»

— Non mais ça va pas? Monsieur, je vous en supplie, je suis en train de virer fou, je me fais manger par en dedans!

Avec le regard exaspéré de celui qui, d'un geste de la main, veut signifier qu'il n'obéit qu'aux consignes, il me laisse pourtant passer, convaincu que j'aurais mieux fait d'aller directement à l'hôpital psychiatrique... Je dois vraiment faire peur, trempé de sueur, les yeux révulsés... Une infirmière me prend finalement par la main comme un enfant et m'assoit dans une sorte de compartiment équipé d'un simple oreiller posé sur une tablette. Aussitôt, un interne jette un coup d'œil sur ma fiche, un autre dans mon oreille, puis décide, visiblement méfiant, de ne pas s'attaquer à mon cas.

— Ça prend un spécialiste! déclare-t-il d'un air détaché.

Tournant sur ses talons, il s'éloigne dans un corridor qui m'apparaît comme le repère même des comparses responsables de l'infernale machination dont je suis la pauvre victime.

J'attends, la tête appuyée sur l'oreiller. Toutes sortes d'interrogations se bousculent dans ma tête :

«Le spécialiste en question se trouve-t-il au moins dans l'hôpital? Combien de temps prendra-t-il s'il est chez lui en train d'écouter son téléroman préféré? Et moi! Combien de temps devrai-je soutenir cette lutte contre la montre... et contre ce monstre lancé à la conquête de ma forteresse intérieure?» Jamais je n'aurais pu imaginer rien de tel. Le premier ennemi décidé à foncer est entré là comme par la porte d'un moulin!»

Du pas volontaire d'un véritable chef militaire, le spécialiste arrive : sarrau vert déboutonné faseyant au vent de sa démarche, lunettes noires soulignant le regard concentré de qui ne recule devant rien, lèvres minces et pincées, masque de respiration sous le menton. L'individu semble prêt à faire face à toutes les éventualités : à couper, à tailler au scalpel... Tête appuyée sur l'oreiller, je l'aperçois devant moi en contre-plongée, déformé comme une image au grand angle. Je me sens petit comme lorsque j'étais enfant et qu'un adulte me menaçait du haut de son autorité. Estomaqué de s'adresser à un être au regard effaré comme une bête prise au piège, le spécialiste dit, après avoir consulté mon dossier :

— Es-tu sur la *dope*, toi, là? Une bibite dans l'oreille! J'ai déjà entendu ça, des histoires comme celles-là! Pas plus tard qu'hier, il y avait un *skin head* à ta place et, lui, il disait qu'il avait la tête PLEINE de bibites. Il racontait qu'il en avait partout; elles étaient arrivées ensemble, tout d'un coup, et il n'avait pu rien faire pour les empêcher d'entrer. Il les avait vues, disait-il! Sûr qu'elles étaient encore toutes en dedans! Pis moi, le beau tarlais, il me racontait ça et il aurait voulu que je le croie. L'avoir écouté, je serais encore là à essayer de les sortir!

Mes appréhensions revenaient de plus belle. Je n'y pouvais rien, j'avais une peur effroyable qu'il ordonne au personnel de me laisser là, sur un lit, m'abandonnant à mon triste sort dans un corridor anonyme et inhumain de cet hôpital aux murs d'un petit vert fade ou, pire, de me renvoyer chez moi en disant que ça allait passer! Qu'allait-il faire? Son pouvoir sur moi semblait illimité, il pouvait décider si j'allais vivre ou mourir. Le voyant réfléchir, je réplique pour ma défense :

— Non! Mais moi c'est vrai!

Sceptique, convaincu qu'il perdait son temps, il daigne pourtant regarder. Avec une lampe en forme d'entonnoir, il tire sur l'oreille comme pour agrandir l'orifice.

— La voyez-vous?

— Non. Ça doit être pas mal creux!

Horreur! Creux comment? J'angoisse à l'idée qu'il ne trouve rien. Il envoie un jet d'eau dans le conduit, puis regarde à nouveau.

— Mais vous devez bien apercevoir quelque chose! Êtes-vous capable de voir jusque dans le fond?

Sans même répondre, il poursuit son intervention en envoyant toujours de l'eau mais avec encore plus de pression.

— Je vois une patte!

Le toubib se met alors à explorer mon oreille avec des *long nose*, sorte de pince très longue, très fine et, vue d'en-dessous, des plus épeurantes. Il accroche la patte en question et tire de toutes ses forces. Une douleur abominable m'ayant fait donner un coup de tête en direction opposée, il se retrouve, ahuri, avec un minuscule bout de patte au bout de sa pince! Furieux contre moi, il demande alors à l'interne d'immobiliser ma tête pour prévenir les coups au cas où un tel geste se reproduirait. Pendant que je tiens près de mon oreille un plat en forme de fève pour recueillir l'eau qui gicle du conduit auditif, l'interne me rive la tête contre lui d'une poigne solide de lutteur, de telle sorte que le moindre mouvement me disloquerait la colonne vertébrale... Et le médecin, penché, enfonce à nouveau sa pince de torture dans mon crâne... Quel cauchemar!

Finalement, le spécialiste-accoucheur-de-bibite réussit à arracher le monstre du tréfonds de ma tête! Une bibite plutôt longue, comme une blatte ou une coquerelle, munie d'éperons et de griffes aux pattes battant à vive allure, et qui n'a pas l'air disposée à faire demi-tour! Petits poils bruns roux au thorax, antennes gyroscopiques, des yeux à facettes soulevés en périscope, une mandibule d'armure... tout d'une véritable machine de guerre, quoi! Je la regarde, terrorisé, et je sens cette bête, véritable kamikaze, prête à se précipiter de nouveau dans une de mes narines ou tout autre orifice...

Le toubib lui-même n'avait jamais vu un «minotaure» pareil dans une oreille. Il fait le tour de l'urgence pour exhiber «le monstre» à tout le personnel, en le tenant prisonnier au bout de ses *long nose.*

Comme l'enfant qui, pour épater ses amis, sort de chez le dentiste avec sa première dent arrachée, je suis reparti avec mon insecte dans une petite bouteille. Je l'ai conservée mais je n'ai jamais pu me décider à la placer sous mon oreiller de peur que la fée des dents en soit horrifiée… De quoi annihiler le sortilège à tout jamais ! Ou pire encore, que ressuscité sous l'effet de sa baguette magique, le monstre reparte à l'assaut de mon autre oreille.

Il m'arrive encore aujourd'hui, en observant l'insecte emprisonné dans son cercueil de verre, d'imaginer que sa cervelle est peut-être bel et bien bionique…

La maison suspendue

MANFEÏ OBIN

Musicien, auteur-compositeur-interprète, conteur, Manfeï Obin est d'origine ivoirienne et vit à Paris. Urbaniste de formation, depuis quelques années il s'est résolument tourné vers la musique et le conte.

Tout jeune, il a assisté à des veillées de contes où, sans doute, il a puisé ses premières histoires. Dans ses spectacles, Manfeï raconte, chante et s'accompagne d'instruments de musique de la tradition africaine tels que : arc musical, awossi, balafon et percussions. Il contribue ainsi à faire connaître la tradition orale qui l'a fasciné lorsqu'il était enfant au pays Akyé, soit le sud-est de la Côte d'Ivoire.

Du même auteur :

Le Rat célibataire. Syros, 1994, (Paroles de conteurs).

La maison suspendue

C'était la saison sèche, les pluies se faisaient rares, et depuis quelque temps les récoltes ne donnaient plus rien. La vie devenait pénible pour les pauvres, car la nourriture manquait.

Un jour, alors que Boton le lièvre se promenait dans la forêt à la recherche de quelques victuailles, il découvrit avec stupéfaction une maison suspendue, une maison comme posée sur un nuage. Alors que Boton le lièvre se posait mille et une questions afin de découvrir comment accéder à cette maison, il la vit bouger et descendre tout doucement sur le sol comme par enchantement.

Aussitôt, il en sortit un être extraordinairement magnifique. Ce n'était pas un homme, mais c'en était un. Son approche inspirait la paix. Vous le décrire serait non seulement mentir, mais ce serait prétentieux de ma part. Et puis les mots me manqueraient pour le faire. Ce personnage était le bon Dieu lui-même. Il y a très longtemps, il vivait ici-bas et composait directement avec les hommes, les animaux et la nature toute entière; il était le camarade de tous, alors on l'appelait Ayé zeu, ce qui signifie : compère Dieu. Vous apprendrez à le connaître dans l'histoire qui suit.

Boton le lièvre, tellement surpris par ce qu'il venait de voir, se cacha derrière un arbre pour mieux suivre le cours des choses. Il entendit distinctement Ayé zeu prononcer une formule magique :

— KPOFIOOO!

Et la maison remonta se suspendre dans les airs.

Boton avait entendu ce qu'il fallait

dire pour faire remonter la maison, mais pas la formule pour la faire redescendre. Alors il resta longtemps caché derrière l'arbre jusqu'à ce que compère Dieu revienne de sa balade, pour l'entendre dire :

— KPOFACA !

Et la maison se posa sur le sol; Ayé zeu y entra, puis reformula :

— KPOFIOOO !

Et la maison remonta se suspendre de nouveau dans les airs.

À partir de cet instant, la curiosité s'installa dans le cœur de Boton. Il voulut en savoir plus sur cette maison volante. Le lendemain, dès la première heure, Boton le lièvre se rendit dans la forêt, au même endroit, dans l'espoir de découvrir le même phénomène observé la veille. Il profita de l'absence prolongée d'Ayé zeu pour dire à voix feutrée :

— KPOFACA !

Et la maison se posa sur le sol. Il y entra, puis dit avec un peu d'inquiétude :

— KPOFIOOO !

Et la maison alla se suspendre dans les airs avec lui.

Dans cette belle grande maison sans guide, Boton le lièvre fit le tour du propriétaire. Encore une fois, il eut la surprise agréable de découvrir dans la cuisine de la maison magique plein de nourriture préparée ; il y en avait pour toute une colonie.

— Ka non loh zé min oh ! dit Boton. Quel bel héritage le ciel m'envoie là !

Après s'être bien régalé, Boton le lièvre rentra chez lui, sans avoir oublié de dire les deux formules magiques que vous n'avez sans doute pas oubliées.

Depuis quelque temps, Boton le lièvre ne mangeait plus à la maison. Aux heures de repas, il disait chaque fois à sa petite famille :

— É leuh m'bétian, mon chié. Mon yê é choké. Mangez les enfants, votre bien-être m'importe beaucoup.

Un matin, à l'heure où les premiers rayons de soleil font disparaître la rosée sur les feuilles et sur les herbes qui bordent le sentier des champs, Aba le fils de Boton suivit son père jusque sous la maison suspendue, en s'assurant de ne pas être vu.

— KPOFACA ! dit Boton.

À peine voulut-il entrer dans la maison qu'Aba lui fila entre les jambes pour manifester sa joie d'être là, lui aussi. Croyez-moi, Boton n'était pas du tout content de voir surgir son fils, se voyant obligé de partager avec lui le secret de la maison suspendue.

— KPOFIOOO !

Et la maison remonta avec eux se suspendre dans les airs.

En ces temps de vaches maigres, père et fils se régalèrent copieusement dans la maison d'Ayé zeu. Boton prit soin d'expliquer à son fils de ne pas toucher à la grande marmite qui bouillait en permanence dans un coin de la cuisine, auquel cas il leur arriverait malheur. Après ce grand repas et les consignes du père, les deux complices rentrèrent chez eux sans inquiétude.

De retour en famille, le petit Aba ne pensait plus qu'à une chose : à la maison suspendue, et par dessus tout, à l'interdiction faite par son père. Il y pensa tellement que cette nuit-là il rêva de la maison suspendue.

Le lendemain, avant même que le coq ne chante, Aba se rendit sous la maison suspendue. Il attendit la sortie d'Ayé zeu pour dire d'une voix timide :

— KPOFACA !

Et la maison se posa sur le sol; Aba y entra, puis dit avec hésitation :

— KPOFIOOO !

Et la maison remonta se suspendre dans les airs. Ce fut une joie immense pour Aba.

— Moi, dit-il, Aba fils de Boton le lièvre, j'arrive à déplacer, à faire voler une maison, c'est incroyable ! Incroyable !

Comme tout enfant qui aime jouer, Aba s'amusa à faire monter, remonter, descendre, redescendre plusieurs fois la maison, jusqu'à épuisement. Aba venait de découvrir la plus belle et la plus grande balançoire du monde.

Quand il en eut assez de jouer, son ventre sonna l'alerte de la faim. Aba se rendit directement dans la cuisine où une table recouverte de plusieurs mets était dressée comme pour un grand banquet. Il y avait là tout ce qu'un enfant pouvait imaginer! De quoi se régaler : des pattes, des mangues, des frites, des carottes, des sucettes, des gâteaux et je ne sais quoi encore... Impossible d'essayer de tout vous énumérer .

Aba mangea avec voracité sans vraiment manger. À peine avait-il porté quelque chose à sa bouche qu'il le déposait pour prendre autre chose. Cela se comprenait, ça faisait si longtemps qu'Aba n'avait ni eu, ni vu autant de nourriture à la fois. Il semblait devenu fou. Mais soudain, une idée lui traversa l'esprit lorsqu'il porta son regard vers la gauche.

— Hum! hum! Voyons voir! s'exclama le petit, en hochant la tête à chaque mot. La marmite, la marmite principale d'Ayé zeu... Je sais, je sais pourquoi papa m'a interdit de la toucher. Toutes ces bonnes choses doivent provenir de là.

En effet, sur cette marmite, il y avait des signes cabalistiques, qui ne pouvaient signifier que l'interdiction... Boton le lièvre connaissait les symboles de la tradition primordiale, mais pas son fils. L'enfant s'approcha de la marmite sous laquelle il n'y avait pas de feu, mais pourtant elle bouillait constamment. Il l'ouvrit tout doucement, avec précaution. Un cœur de panthère y mijotait parmi des ingrédients paradisiaques. L'arôme exquis de cette nourriture donna une envie irrésistible à Aba d'en goûter un petit morceau, puis un deuxième, puis un troisième, si bien qu'à la fin il ne resta plus rien.

Quelques instants plus tard, Aba se sentit grandir de quelques centimètres. Aussitôt, il se tâta les muscles, qu'il sentit s'affermir. Aba venait d'avoir la confirmation que manger du cœur de panthère rendait fort. Il était fier, il voulait descendre pour démontrer sa force aux petits copains du village. Mais hélas, Aba ne se souvenait plus de la formule magique.

— CRACROCA!... KOMBADJA!... N'GOFOTE!...

Il eut beau inventer des formules, ça ne marchait pas. Aba pensa sauter par la fenêtre. Mais je vous l'ai déjà dit, chers amis qui suivez mon histoire, la maison était non seulement suspendue, mais elle était très très hautement suspendue. S'il sautait par la fenêtre, Aba risquait de se casser le cou, la jambe, la tête ou Dieu sait quoi! Accroupi dans un coin pour pleurer sur son sort, le petit Aba sentit la maison bouger sans vraiment descendre.

En effet, tout en bas, compère Dieu essayait vainement de faire descendre sa maison. Après trois tentatives, il finit par comprendre qu'il y avait un étranger chez lui; c'était ça, la cause de ses difficultés. Il prit donc la formule de secours :

— Lé zémé hun! Que ma volonté soit faite!

Et la maison se posa sur le sol.

Aussitôt, Aba voulut en sortir, mais malheureusement il fut intercepté par Ayé zeu, qui le prit par la main en disant :

— Je te connais toi. Tu es bien le fils de Boton le lièvre?

— Ouais! répondit Aba en essuyant ses larmes du revers de la main.

Compère Dieu le prit par la main, le conduisit vers la grande marmite où il découvrit la disparition de son cœur de panthère.

— Ah! dit Ayé zeu, tu as fait une grande bêtise; si d'ici la fin de la journée tu ne me ramènes pas un cœur de panthère, tant pis pour toi. Toute ta famille va mourir : ton papa, ta maman, tes frères, tes sœurs et même tes meilleurs copains. Tous vont mourir!

À compter de cet instant, Aba devint le plus triste de tous les enfants de la terre. Le voici condamné à tuer une panthère afin de lui extraire le cœur. Mais voilà, Aba était petit, très petit. Je ne saurais à qui le comparer... disons qu'il avait la taille d'un enfant de cinq ans. Imaginez un instant un petit enfant chassant une panthère.

Aba n'avait pas le choix. Tout en pleurant, il traversa des clairières et des rivières, des vallées et des montagnes, puis il arriva dans une forêt vierge et paisible.

Perché sur une branche, un coucou au collier rouge lui demanda la raison de ses pleurs. Après avoir écouté avec compassion, le coucou lui dit :

— Ne t'en fais pas, Aba, je vais te donner une formule magique. Chaque fois que tu rencontreras un animal, tu le montreras du doigt et tu diras : CÉCÉ! CÉCÉ! CÉCÉ! Trois fois CÉCÉ! et tu verras ce que tu verras.

Aba continua son chemin, là-bas, loin, tout droit dans la forêt. Soudain il découvrit une petite fourmi rouge sur le sentier. Il se demanda si cela valait la peine d'essayer sa formule magique, mais en pensant à la petitesse de la fourmi, il la gracia, puis continua son chemin. Un peu plus loin, il vit une bête dont la tête dépassait la savane. C'était une girafe. Pas n'importe quelle girafe : celle qui avait mangé les feuilles de bananiers de sa maman la semaine dernière. Alors là, vengeance pour vengeance, Aba dit :

— Oh ! Toi la girafe, moi Aba fils de Boton, je te dis : CÉCÉ ! CÉCÉ ! CÉCÉ !

Aussitôt la girafe tomba raide morte. Aba l'enjamba et continua son chemin, toujours à la recherche d'une panthère. Cette première expérience lui donna des ailes. Il traversa fièrement la forêt comme s'il tenait à la main un pistolet. Après quelques mètres, il découvrit une panthère qui avait mangé je ne sais trop quoi et qui se reposait sur un arbre. À la vue de la méchante bête, Aba se dit :

— Hum ! Celle-là, si je la rate, elle ne me ratera pas.

Il se cacha derrière un arbre, puis, tout tremblant de frayeur, il montra du doigt la panthère en disant :

— Oh! Oh! Oh! Toi la panthère, moi Aba fils de Boton, je te dis : CÉCÉ! CÉCÉ! CÉCÉ!

Même avec une voix aussi tremblante, la formule marcha et la panthère tomba raide morte. Aba réussit à extraire le cœur de la panthère, qu'il rendit sans tarder à Ayé zeu. C'est ainsi qu'il put épargner une mort cruelle à sa famille et à tous ceux qu'il aimait bien. L'histoire pourrait s'arrêter là, puisque Aba a payé sa dette.

Si vous voulez en savoir plus, tenez-vous bien. Depuis sa victoire devant la panthère, Aba était devenu le maître incontesté de la forêt. Chaque fois qu'il y avait du gros gibier à chasser, c'est le petit Aba qu'on invitait, en tête de liste.

Un jour, le roi des animaux, que vous connaissez tous, organisa une partie de chasse. Aba fut évidemment invité. Ce jour-là, il fit merveille. Il abattit beaucoup d'animaux jusqu'au moment où il entendit :

— COUCOU! COUCOU!

C'était le petit coucou au collier

rouge qui lui demandait :

— Comment ça va?

Aba le montra du doigt en disant :

— Moi, Aba fils de Boton, je te dis...

— Ne me dis rien du tout, Aba, tu ne me reconnais pas ou quoi? répliqua le coucou.

— Je ne veux rien savoir, moi Aba, fils de Boton, je te dis CÉÉ...

— Je t'en prie Aba c'est dangereux, ne m'oblige pas à utiliser les grands moyens.

— Les grands moyens, c'est moi qui les ai, rétorque Aba. Moi Aba fils de Boton, je te dis...

Mais avant même qu'Aba n'eût prononcé sa formule magique, le coucou eut vite fait de dire :

— Aba, moi le petit coucou je te dis : POTOH! POTOH!

Une autre puissante formule magique qui pétrifia instantanément l'enfant.

Voici comment Aba fut simplement victime de son ingratitude. Moi qui vous raconte cette histoire, je peux vous assurer qu'en de pareilles circonstances, je n'aurais pas agi comme lui. Quant à vous, je ne sais pas.

CHEZ QUÉBEC/AMÉRIQUE JEUNESSE

COLLECTION CLIP

April, Jean-Pierre
N'AJUSTEZ PAS VOS HALLUCINETTES #4
Barthélémy, Mimi
LE MARIAGE D'UNE PUCE #5
Bélil, Michel
LA GROTTE DE TOUBOUCTOM #13
Cantin, Reynald
LE LAC DISPARU #8
Collectifs
LA PREMIÈRE FOIS, tome 1 #1
LA PREMIÈRE FOIS, tome 2 #2
PAR CHEMINS INVENTÉS #10
ICI #12
LE BAL DES OMBRES #17
TOUT UN MONDE À RACONTER #19
Gagnon, Cécile
L'HERBE QUI MURMURE #7
Laberge, Marc
DESTINS #16
LE GLACIER #18
Lazure, Jacques
MONSIEUR N'IMPORTE QUI #14
Marois, Carmen
LES BOTERO #11
Pasquet, Jacques
SANS QUEUE NI TÊTE #3
L'ESPRIT DE LA LUNE #6
Sernine, Daniel
LA COULEUR NOUVELLE #9
Vonarburg, Élisabeth
LES CONTES DE TYRANAËL #15